Estimad@s Dears

Ebrahim Kumasi

Estimad@s Dears

Estimad@s Dears

Copyright © 2021 by Ebrahim Kumasi

Todos los derechos reservados. Ninguna parte de este libro puede ser reproducida o utilizada de ninguna manera sin el permiso previo por escrito del propietario de los derechos de autor, excepto para el uso de citas breves en una reseña de un libro o cualquier otro uso no comercial permitido por la ley de derechos de autor.

All rights reserved. No part of this book may be reproduced or used in any manner without the prior written permission of the copyright owner except for the use of brief quotations in a book review or any other non-commercial use permitted by copyright law.

ISBN: 979-8-9855-1980-8 (softcover)
ISBN: 979-8-9855-1981-5 (eBook)

First Edition

Estimad@s Dears

Dedicación/Dedication

Este libro está dedicado estrictamente para mi familia y para los reales, los reales con su realidad. Espero les guste y se deleiten con lo que llamo mi más precioso arte.

This book is strictly dedicated to my family and the real, the real with their reality. I hope you guys like it and delight yourselves with what I call my most precious art.

Estimad@s Dears

Verdad es,

Una broma para tontos,

Y propósito para despiertos.

Siempre estuvo en ti.

Truth is,

A joke for fools,

And purpose for the awaken.

It was always in you.

—Ebrahim Kumasi

Tabla de Contenido/Table of Contents

Introducción 14

Introduction 15

Estimadas Ilusiones. Marzo, 2018. 16

Dear Illusions. March, 2018. 19

Estimada Minoría. Marzo 2, 2018. 22

Dear Minority. March 2nd, 2018. 24

Estimado Amigo. Julio, 2018. 26

Dear Friend. July, 2018. 29

Estimado Perro. Febrero 13, 2019. 32

Dear Dog. February 13th, 2019. 34

Estimada Nueva Especie. Abril, 2019. 36

Dear New Specie. April, 2019. 38

Estimado Papá. Abril, 2019. 40

Dear Dad. April, 2019. 42

Estimada Felicidad. Abril, 2019. 45

Dear Happiness. April, 2019. 47

Estimada Duda. Mayo 10, 2019. 49

Dear Doubt. May 10th, 2019. 51

Estimado Malentendido. Junio 26, 2019. 53

Dear Misunderstanding. June 26th, 2019. 55

Estimada Vida Blanca Clase Baja. Julio 13, 2019. 57

Estimad@s Dears

Dear White Life Low Class. July 13th, 2019. 58

Estimada Lógica. Julio 20, 2019. 59

Dear Logic. July 20th, 2019. 61

Estimado Yo. Agosto 30, 2019. 63

Dear Self. August 30th, 2019. 65

Estimado Panamá. Septiembre 6, 2019. 67

Dear Panama. September 6th, 2019 69

Estimado Afro-latino. Septiembre 13, 2019. 71

Dear Afro-Latino. September 13th, 2019. 73

Estimada Verdad. Septiembre 21, 2019. 75

Dear Truth. September 21st, 2019. 76

Estimado Texto. Enero 14, 2020 77

Dear Text. January 14th, 2020. 78

Estimadas Fases. Febrero 7, 2020. 79

Dear Phases. February 7th, 2020. 80

Estimada Mujer. Febrero 7, 2020. 81

Dear Woman. February 7th, 2020. 82

Estimada Experiencia. Marzo 3, 2020. 83

Dear Experience. March 3rd, 2020. 84

Estimada Decisión. Marzo, 2020. 85

Dear Decision. March, 2020. 86

Estimada Inconsideración. Marzo, 2020. 87

Dear Inconsideration. March, 2020. 88

Estimad@s Dears

Estimada Doncella. Abril 29, 2020. 89

Dear Doncella. April 29th, 2020. 90

Estimada Voluntad. Mayo 24, 2020. 91

Dear Will. May 24th, 2020. 92

Estimada Inestabilidad Mental. Mayo 26, 2020. 93

Dear Mental Instability. May 26th, 2020. 94

Estimado Tiempo. Junio 15, 2020. 95

Dear Time. June 15th, 2020. 96

Estimado Amor de mi Vida. Julio 2, 2020. 97

Dear Love of my Life. July 2nd, 2020. 98

Estimado Primer Amigo. Septiembre 3, 2020. 99

Dear First Friend. September 3rd, 2020. 100

Estimada Niñez. Septiembre 19, 2020. 101

Dear Childhood. September 19th, 2020. 103

Estimada Decepción. Septiembre 21, 2020. 105

Dear Disappointment. September 21st, 2020. 106

Estimada Reina. Septiembre 24, 2020. 107

Dear Queen. September 24th, 2020. 109

Estimadas Gotas de Lluvia. Octubre 31, 2020. 111

Dear Raindrops. October 31st, 2020. 112

Estimada Comunicación. Noviembre 3, 2020. 113

Dear Communication. November 3rd, 2020. 114

Estimada Ley de Atracción. Diciembre 29, 2020. 115

Estimad@s Dears

Dear Law of Attraction. December 29th, 2020. 116

Estimado Arrepentimiento. Diciembre 29, 2020. 117

Dear Regret. December 29th, 2020. 118

Estimado Regalo. Enero 16, 2021. 119

Dear Gift. January 16th, 2021. 121

Estimada Erótica. Febrero 15, 2021. 123

Dear Erotica. February 15th, 2021. 124

Estimada Despedida. Abril 24, 2021. 125

Dear Farewell. April 24th, 2021. 126

Estimada Criminal Hábil. Junio 24, 2021. 127

Dear Smooth Criminal. June 24th, 2021. 128

Estimada Serenidad. Julio 23, 2021. 129

Dear Serenity. July 23rd, 2021. 130

Estimada Capacidad. Julio 23, 2021. 131

Dear Capacity. July 23rd, 2021. 132

Estimada Decisiones. Julio 23, 2021. 133

Dear Decisions. July 23rd, 2021. 134

Estimadas Maneras. Julio 28, 2021. 135

Dear Ways. July 28th, 2021. 136

Estimada Introspección. Julio 28, 2021. 137

Dear Introspection. July 28th, 2021. 138

Estimada Tétrica. Julio 29, 2021. 139

Dear Tetric. July 29th, 2021. 140

Estimad@s Dears

Estimado Picaflor. Diciembre, 2016...141

Dear Hummingbird. December, 2016..145

Nuevos Comienzos...149

New Beginnings..150

Estimad@s Dears

Categorías/Categories

Se consciente de que cada pieza tiene una categoría, y si parece no encajar, asume que encaja en el otro idioma.

Be aware that every piece has a category, and if it seems to not fit, assume that it does in the other language.

1. Estimadas Ilusiones/Dear Illusions - (epic, cento, ode poetry/poesía épica, cento, oda)
2. Estimada Minoría/Dear Minority - (rhymed, historical, ode poetry/poesía rimada, historical, oda)
3. Estimado Amigo/Dear Friend - (elegiac, ode poetry/poesía elegíaca, oda)
4. Estimado Perro/Dear Dog - (rhymed, lyric, ode poetry/poesía rimada, lírica, oda)
5. Estimada Nueva Especie/Dear New Specie - (elegiac, lyric, sonnet, sublime, ode poetry/poesía elegíaca, lírica, soneto, sublime, oda)
6. Estimado Papá/Dear Dad - (lyric poetry/poesía lírica)
7. Estimada Felicidad/Dear Happiness - (lyric, ode poetry/poesía lírica, oda)
8. Estimada Duda/Dear Doubt - (free verse, ode poetry/poesía verso libre, oda)
9. Estimado Malentendido/Dear Misunderstanding - (lyric, ode poetry/poesía lírica, oda)
10. Estimada Vida Blanca Clase Baja/Dear White Life Low Class - (epigram, ode poetry/poesía epigrama, oda)

Estimad@s Dears

11. Estimada Lógica/Dear Logic - (lyric, ode, surrealism poetry/poesía lírica, oda, surrealismo)

12. Estimado Yo/Dear Self - (soliloquy, ode poetry/poesía soliloquio, oda)

13. Estimado Panamá/Dear Panama - (historical, lyric, ode poetry/poesía historical, lírica, oda)

14. Estimado Afrolatino/Dear Afro-latino - (historical, lyric, ode poetry/poesía historical, lírica, oda)

15. Estimada Verdad/Dear Truth - (lyric, ode poetry/poesía lírica, oda)

16. Estimado Texto/Dear Text - (couplet, ode poetry/poesía copla, oda)

17. Estimadas Fases/Dear Phases - (lyric, soliloquy, ode poetry/ poesía lírica, soliloquio, oda)

18. Estimada Mujer/Dear Woman - (free verse, ode poetry/poesía verso libre, oda)

19. Estimada Experiencia/Dear Experience - (monostich, ode poetry/poesía monóstica, oda)

20. Estimada Decisión/Dear Decision - (rhymed, lyric, ode poetry/poesía rimada, lírica, oda)

21. Estimada Inconsideración/Dear Inconsideration - (lyric, free verse, ode poetry/poesía lírica, verso libre, oda)

22. Estimada Doncella/Dear Doncella - (lyric, free verse, ode poetry/poesía lírica, verso libre, oda)

23. Estimada Voluntad/Dear Will - (lyric, free verse, ode poetry/poesía lírica, verso libre, oda)

24. Estimada Inestabilidad Mental/Dear Mental Instability - (lyric, free verse, ode poetry/poesía lírica, verso libre, oda)

Estimad@s Dears

25. Estimado Tiempo/Dear Time - (lyric, free verse, ode poetry/poesía lírica, verso libre, oda)

26. Estimado Amor de mi Vida/Dear Love of my Life - (lyric, free verse, ode poetry/poesía lírica, verso libre, oda)

27. Estimado Primer Amigo/Dear First Friend - (lyric, free verse, ode poetry/poesía lírica, verso libre, oda)

28. Estimada Niñez/Dear Childhood - (pastoral, ode poetry/poesía pastoral, oda)

29. Estimada Decepción/Dear Disappointment - (lyric, rhymed, ode poetry/poesía lírica, rimada, oda)

30. Estimada Reina/Dear Reina - (occasional, lyric, ode poetry/poesía ocasional, lírica, oda)

31. Estimadas Gotas de Lluvia/Dear Raindrops - (pastoral, allegory, ekphrastic, ode poetry/poesía pastoral, alegoría, ecfrástica, oda)

32. Estimada Comunicación/Dear Communication - (lyric, free verse, ode poetry/poesía lírica, verso libre, oda)

33. Estimada Ley de Atracción/Dear Law of Attraction - (lyric, rhymed, ode poetry/poesía lírica, rimada, oda)

34. Estimado Arrepentimiento/Dear Regret - (lyric, rhymed, ode, surrealism poetry/poesía lírica, rimada, oda, surrealismo)

35. Estimado Regalo/Dear Gift - (lyric, free verse, ode poetry/poesía lírica, verso libre, oda)

36. Estimada Erótica/Dear Erotic - (lyric, rhymed, ode poetry/poesía lírica, rimada, oda)

37. Estimada Despedida/Dear Farewell - (lyric, rhymed, elegiac, ode poetry/poesía lírica, rimada, elegíaca, oda)

38. Estimada Criminal Hábil/Dear Smooth Criminal - (lyric, allegory,

elegiac, ode poetry/poesía lírica, alegoría, elegíaca, oda)

39. Estimada Serenidad/Dear Serenity - (lyric, free verse, ode poetry/poesía lírica, verso libre, oda)

40. Estimada Capacidad/Dear Capacity - (lyric, free verse, ode, elegiac poetry/poesía lírica, verso libre, oda, elegíaca)

41. Estimada Decisiones/Dear Decisions - (lyric, rhymed, anaphora, ode, poetry/poesía lírica, rimada, anáfora, oda)

42. Estimada Maneras/Dear Ways - (lyric, free verse, ode poetry/poesía lírica, verso libre, oda)

43. Estimada Introspección/Dear Introspection - (lyric, rhymed, anaphora, simile, ode poetry/poesía lírica, rimada, anáfora, símil, oda)

44. Estimada Tétrica/Dear Tetric - (rhymed, elegiac, sublime, ode poetry/poesía rimada, elegíaca, sublime, oda)

45. Estimado Picaflor/Dear Hummingbird - (explicit, burlesque, free verse, ode poetry/poesía explícita, burlesca, verso libre, oda)

Estimad@s Dears

Introducción

Cuando la balanza está perfectamente balanceada, ¿cómo tomas esa decisión final? Cuando todo de afuera te grita sí y todo de adentro te ruega no.

¿Qué tan buen jugador eres en esto a lo que llamamos vida? ¿Quién eres? En lo que piensas, te doy la bienvenida a mi mundo, espero tengas un viaje acogedor lleno de realidades.

Estimad@s Dears

Introduction

When the scale is perfectly balanced, how do you make that final decision? When everything outside yells yes and everything inside begs you no.

How good of a player are you at what we call life? Who are you? While you think, I welcome you to my world, I hope you have a cozy trip full of realities.

Estimadas Ilusiones. Marzo, 2018.

El pobre mendigo ha muerto; balanceándose de lado a lado del árbol Kum,

Al menos eso es lo que piensan,

"¿Vas a esperar hasta que un monstruo salga del agua y se lo coma?"

¡Sigamos con nuestra agenda! Los soldados se fueron...

Al pobre mendigo le disparan, pero no muere. Él es un hombre fuerte,

Él lucha para superarlo, y justo cuando piensa que lo es todo,

Un campesino lo ve moverse, sin dudarlo lo ayuda,

Lo cual causa su muerte.

El pobre mendigo cuestiona su existencia,

¿Es cierto que las hierbas malas no mueren?

El viaje es largo y las direcciones desconocidas,

Los recuerdos están ahí, aunque falta algo,

El pensamiento del hogar es una tortura,

Y a partir de ahí, ya no es el pobre mendigo...

Caminar es ahora un hábito, sus pies están cansados, pero no puede parar,

Mientras se pregunta cuándo terminará esta miseria,

Un sonido extraño se acerca a sus oídos, lo que hace que sus pies descansen,

Estimad@s Dears

El sonido se detiene, y de nuevo, la caminata se reanuda.

El día es caluroso, pero ni una sola expresión de sed,

De repente, comienza a ahogarse, el agua gotea por todo su chaleco,

Pero el campesino ayuda. El pobre mendigo vuelve a cuestionar su existencia,

¿Es cierto que las hierbas malas no mueren?

Su estómago se siente como si diez caballos estuvieran cabalgando,

Pateando en un movimiento coordinado. Luego sigue caminando,

No hay casa ni señal de vida visible, pero la caminata no se detiene.

Caminando en medio de la nada buscando la armonía,

Buscando a su esposa e hijos.

Hay escasez de oxígeno, la muerte está llamando su nombre,

Cuando finalmente piensa que todo ha terminado,

Siente el suelo, su piel arde sin fuego a la vista,

Sus oídos escuchan diferentes voces y sonidos,

"¿Eso es todo?" Él oye, "¡ayuda!" Él exclama.

Poco sabía él, nadie puede ayudar,

Una vez que parpadea, sigue caminando,

El camino tan oxidado que sus zapatos ya no son zapatos,

Después de varias horas de caminata, ve un árbol, el árbol Kum.

El pobre mendigo ha muerto; su cuerpo, irreconocible,

Cayendo lentamente al suelo,

Estimad@s Dears

Antes de llegar al suelo, se despierta.

Desesperado por respuestas, ni siquiera puede entender bien sus palabras, "¡Solo quiero irme a casa!" Grita llorando como un bebe de cinco años,

"Estás en casa, yo soy tu esposa,"

Luego se mira a sí mismo en el espejo y lo que lo rodea,

Confundido, dice: "Escucha, no soy el hombre más rico del mundo,

Pero te prometo que si me llevas con mi familia, haré lo que quieras, ¡por favor!" "Madre, ¿papá está bien?" Uno de sus hijos le pregunta,

"Estará bien cariño, solo necesita descansar un poco,"

El pobre mendigo intenta descansar,

Una vez que agacha la cabeza, grita: "¡No hagas esto!"

Se levanta agresivamente,

"Tú no eres mi esposa y éstos no son mis hijos, ¡deja de jugar!"

"Esto no puede estar pasando, solo quiero recuperar mi antiguo yo,"

Se rinde. Intencionalmente obligándose a dormir,

Él duerme,

Segundos después se encuentra rodeado de soldados,

Colgando del árbol Kum, luchando por su vida,

Cuestionando su existencia...

Dear Illusions. March, 2018.

The poor beggar is dead; swinging from side to side of the Kum tree,

At least that is what they think,

"Are you going to wait until a monster comes from the water and eats him?"

Let's continue with our agenda! The soldiers left ...

The poor beggar is shot but not dead. He is a strong man,

He battles to get through it, and just when he thinks that was it,

A peasant sees him move, with no hesitation he helps,

Which causes his death.

The poor beggar questions his existence,

Is it true that weeds never die out?

The journey is long and directions unknown,

Memories are there, although something is missing,

The thought of home is torture,

And from there, he is no longer the poor beggar...

Walking is now a habit, his feet are tired, but he cannot stop,

As he wonders when will this misery end.

A weird sound approaches his ears, which make his feet rest,

The sound stops, and then again, the walk resumes.

The day is hot, but not one expression of thirstiness,

Estimad@s Dears

Suddenly, he starts to choke, water drips all over his vest,

But the peasant helps. The poor beggar questions his existence again,

Is it true that weeds never die out?

His stomach feels as if ten horses are riding around,

Kicking in a coordinated motion. He then continues to walk,

No house or signal of life visible but the walk does not stop,

Walking in the middle of nothing looking for harmony,

Looking for his wife and kids.

There is a shortage of oxygen, death is calling his name,

When he finally thinks it is all over,

He feels the floor, his skin burns with no fire at sight,

His ears hear different voices and sounds,

"This is it?" He hears, "help!" He exclaims.

Little did he know, nobody can help.

Once he blinks, he remains walking,

The road so rusty his shoes are no longer shoes,

After several hours of walking, he sees a tree, the Kum tree.

The poor beggar is dead; his body, unrecognizable,

Slowly falling to the ground,

Before he reaches the floor, he wakes up.

Desperate for answers he cannot even get his words straight,

Estimad@s Dears

"I just want to go home!" he yells crying like a five-year-old baby,

"You are home, I am your wife,"

He then looks at himself in the mirror and his surrounding,

All confused he says, "Listen, I am not the richest man in the world,

But I promise if you get me to my family, I will do anything you want, please!"

"Mother, is dad okay?" One of his kids ask,

"He will be fine darling, he just needs some rest,"

The poor beggar tries to rest,

Once he puts his head down, he screams "do not do this!"

He gets up aggressively,

"You are not my wife and these are not my kids, quit playing!"

"This can not be happening, I just want the old me back,"

He gives up. Intentionally forcing himself to sleep,

He sleeps,

Seconds after he finds himself surrounded by soldiers,

Hanging from the Kum tree, fighting for his life,

Questioning his existence . . .

Estimad@s Dears

Estimada Minoría. Marzo 2, 2018.

Por cosas de la vida, una familia irregular,

Hablar de eso nunca está de más,

Incidentes negativos, todo eso es normal,

Poco cariño, pero al día en lo material,

Nadie sabe, nunca nada de qué hablar,

Desde pequeño queriendo el mundo conquistar,

Las esperanzas de algún día metas completar,

Tonta ilusión, de la felicidad encontrar,

Nosotros tan ingenuo, a tan corta edad,

Cosas bonitas que normalmente no suelen pasar.

Al descubrir el poder de la maldad,

Tu mente cambia, de forma drástica,

Todo cambió, con un signo de interrogación,

A la pregunta que nadie nunca respondió.

¿Historias a mitad? Dime cómo todo empezó,

La intriga mata, y me tocó un poco de investigación.

La religión la dejaré en su lugar,

Pero nunca olvides tu estatus social,

Tu color de piel y tu modo de hablar,

Estimad@s Dears

Ésas discernirán lo mucho que harás,

Ubicación geográfica, apellido paternal,

Idioma hablado y hasta nacionalidad,

Factores de los cuales no se tiene acceso total,

Determinarán cuántas puertas abrirás.

El significado de votar a perdido su valor,

El gobierno siempre cambia, y en las malas aún estoy,

¿Me pregunto si tiene gracia, la tal llamada democracia?

Perdió tanta importancia que ni un estadio abarca.

Aquel que triunfa, la historia siempre cuenta,

Esta pelea la perdimos, y por eso no hay respuesta.

Antes de la conversión,

La cual llamamos "civilización,"

Antes de esa maldición,

Sobrevivió toda una nación.

¿Qué estaba supuesto a pasar?

Solo un tonto lo creería,

Poca confianza nos costó,

El delito más grande de nuestra vida.

Dear Minority. March 2nd, 2018.

For things of life, an irregular family,

Talking about it never hurts,

Negative incidents, all that is normal,

Little love, but up to date materialistic wise,

No one knows, what to ever talk about,

Since childhood wanting to conquer the world,

The hopes of one day goals complete,

Silly illusion of finding happiness,

We are so naive, at such a young age,

Nice things that usually do not tend to pass.

Discovering the power of evil,

Your mind changes drastically,

Everything changed, with a question mark,

To the question that nobody ever answered.

Half stories? Tell me how it all started,

Intrigue kills, and it took a little research.

I will leave religion in its place,

But never forget your social status,

Your skin color and the way of speaking,

Estimad@s Dears

Those will discern how much you will do,

Geographical location, paternal last name,

Spoken language and even nationality,

Factors of which total access is not available,

They will determine how many doors you will open.

The meaning of voting has lost its value,

The government always changes, and in struggle I still am,

I wonder if it has grace, the so-called democracy?

It has lost so much importance that not even a stadium covers.

He who succeeds, the story will always tell,

We lost this fight, and that is why there is no answer,

Before conversion,

Which we call "civilization,"

Before that curse,

An entire nation survived.

What was supposed to happen?

Only a fool would believe it,

Little confidence cost us,

The greatest crime of our life.

Estimado Amigo. Julio, 2018.

Sabes, no todo es bonito,

No siempre se está bien, hay feo y malo.

Malditas temporadas,

Una de las peores cosas que este mundo nos ha brindado,

Y al mismo tiempo una de las mejores lecciones.

Cuando uno enfrenta situaciones difíciles en la vida,

Uno tiende a recordarse de personas menos afortunadas,

La gratitud puede confundir el proceso del sacrificio.

La sociedad es otra cosa de este infierno, mundo o esta vida,

Como quieras ver, igual todo está feo.

Pensar que hay esperanza es prácticamente volverse loco.

La realidad es el mejor amigo de las drogas.

Que irónica es la vida, desde niño rogando ser adulto,

y de adulto te das cuenta de muchas cosas,

Cosas que cambian tu infierno, o tu vida de manera drástica.

Sangre no siempre significa lealtad,

El amor es algo de loco y a ciencia cierta,

No todo el mundo está dispuesto a estar loco por ti.

Que el único amor que sentirás es el que le tendrás a tus hijos,

Estimad@s Dears

A menos que cambies tu definición de amor.

Que nadie es indispensable en este mundo,

Que el día que comprendas que todo da igual,

Será el día en que tu vida cambiará de forma increíble,

Que en la soledad es donde todos estaremos,

Tarde o temprano.

En vivencia escribo, pero el día que ya no,

Me daré de cuenta que siempre estuvo en mí,

Lo puedo sentir.

Se diferente, quiere y déjate querer,

Perdona, pero nunca olvides.

Para atrás no, empuja despacito.

Cuando toque, como dijo la loca,

Gracias, a todos y por todo.

Nada es coincidencia,

Las cosas pasan porque están supuestas.

Siempre pedí amor incondicional, sin alguna vez darlo,

Hoy medito y pregunto,

¿Qué es amor incondicional y qué me hace digno de recibirlo?

Todo tiene un comienzo y un final y bueno,

Iluso sería creer que este cuerpo aguante para siempre,

Mas seguro estoy, mi misión continuará ...

Estimad@s Dears

Solo el débil muere cuando la carne se hace cenizas.

Estoy ahí, justo ahí donde me dejaste en tu vida,

Yo hice mi parte y tú la tuya.

Se unido. Haz el bien, nunca el mal,

Que esa sea tu religión.

Estimad@s Dears

Dear Friend. July, 2018.

You know, it is not all pretty,

It is not always good, there are ugly and bad.

Freaking seasons,

One of the worst things this world has given us,

And at the same time one of the best lessons.

When one faces difficult situations in life,

One tends to remind the less fortunate,

Gratitude can confuse the process of sacrifice.

Society is another thing of this hell, world or this life,

However you want to see it, everything is still ugly.

To think that there is hope is practically going crazy.

Reality is the best friend of drugs.

How ironic life is, since childhood begging to be an adult,

And as an adult you realize many things,

Things that change your hell, or your life drastically.

Blood does not always mean loyalty,

Love is crazy and surely,

Not everyone is willing to be crazy about you.

That the only love you will feel is the one you will have for your children,

Estimad@s Dears

Unless you change your definition of love.

That nobody is indispensable in this world,

That the day you understand that everything does not matter,

It will be the day your life will change in an incredible way,

That in solitude is where we will all be,

Sooner or later.

In experience I write, but the day that I no longer,

I will realize that it was always in me I can feel it.

Be different, love and let yourself be loved,

Forgive but never forget.

No backwards, push slowly.

When is the turn, as the crazy woman said,

Thank you all and for everything.

Nothing is a coincidence,

Things happen because they are supposed to.

I always asked for unconditional love, without ever giving it,

Today I meditate and ask,

What is unconditional love and what makes me worthy of receiving it?

Everything has a beginning and an end and well,

It would be illusory to believe that this body will endure forever,

surer I am, my mission will continue . . .

Estimad@s Dears

Only the weak die when the flesh turns into ashes.

I am there, right there where you left me in your life,

I did my part and you did yours.

Be united. Do good, never evil,

Let that be your religion.

Estimad@s Dears

Estimado Perro. Febrero 13, 2019.

Sí, soy un "perro," no fue siempre así,

Cosas de la vida me han puesto en este lugar,

Quizás crees que yo solo quiero coger y contar,

Seguir lo mismo hasta saciar mi "necesidad,"

Amigo tú que con uno me apuntas y no dudas en juzgar,

Con tres te rematas y ni cuenta te das,

Recuerda que todo humano tiene cola para pisar.

Escondiéndome entre cuerpos, por miedo a mi verdad,

Atrapado aquí estoy por una inseguridad,

No toca viajar para observar necesidad,

Así que por ende de mis indiferencias me rehúso a quejar.

Obsequios naturales facilitaron mi interacción,

No nací sabiendo, pero de esto se trata la vida, ¿no?

Pretender saber todo, para darte cuenta que no sabes nada,

Que nada como los amores de infancia,

Y que ya sea familia, amigo o compañero igual todos fallan,

El valor para curar y avanzar toma mucho para desbloquear,

Es el antepenúltimo nivel, llegando ya al final.

Estimad@s Dears

Mirar hacia atrás y pensar que todo iba a cambiar,

Que aquella situación tóxica algún día podría aflorar,

Perdida la noción,

Por causa de una indignación,

Pasas de estado tóxico, a una transición,

Tu mente vulnerable, en total confusión,

Ya no es preocupación, ahora es precaución.

Por la calle ando, buscando algo,

En la calle encuentro, pero no dan abasto,

Toma esfuerzo, para dar encanto,

Y ya empleado siempre habrá un contrato,

Pues el encanto no muere, con pizcas de momentáneos tratos.

Toca vivir donde la vida nos puso,

Donde cada individuo tiene un objetivo en curso.

El perro es el mejor amigo del hombre,

Frase tan sobrevalorada,

¿Mejores amigos? Y ni se conocen para nada,

El perro vive, siente y hasta tiene sus creencias,

Tú me llamas perro, yo lo conozco como sobrevivencia.

Estimad@s Dears

Dear Dog. February 13th, 2019.

Yes, I am a "dog," it was not always like that,

Things of life have put me in this place,

Maybe you think I just want to do it and count,

Do the same until I satisfy my "necessity,"

You my dear friend who with one you point at me and do not hesitate to judge,

With three you finish yourself off and you do not even notice,

Remember every human has a tail to step on.

Hiding between bodies, for fear of my truth,

Trapped here I am because of an insecurity,

It is not necessary traveling to observe necessity,

So because of my indifferences I refused to complain.

Natural gifts facilitated my interaction,

I was not born with knowledge, but ain't this what life is about right?

Pretending to know everything, to realize that you know nothing,

That nothing like childhood love,

And whether family, friend or partner they all disappoint,

The courage to heal and move forward takes a lot to unlock,

It is the second to last level, reaching the end.

Estimad@s Dears

Look back and think that everything would change,

That that toxic situation could one day emerge,

Lost the notion,

Because of an outrage,

You go from a toxic state to a transition,

Your vulnerable mind, in total confusion,

It is no longer a concern, now it is a precaution.

Out there I am, looking for something,

Out there I find but it is not in supply,

Take effort, to give charm,

And once employed there will always be a contract,

As the charm does not die, with pinches of momentary treatments.

We must live where life put us,

Where each individual has an ongoing objective.

The dog is the man's best friend,

Phrase so overrated,

Best friends? And they do not know each other at all,

The dog lives, feels and even has its beliefs,

You call me a dog, I know it as survival.

Estimad@s Dears

Estimada Nueva Especie. Abril, 2019.

Tendremos que morir, es ley de vida.

Mi preocupación no es la muerte.

No sé de eso, y no me importa mucho.

Puedo encargarme de eso cuando esté camino hacia allá.

Ruego no ver color por el bien de la raza humana.

Ser separado de nuestros creadores al nacer es nuestra primera y más importante lección.

Indispensabilidad. No vivas por otros.

Ellos hicieron o están haciendo lo que otros hicieron por ellos en algún momento,

A veces inconscientemente, pero sí ha pasado.

Muere con la satisfacción de la vida.

Es obvio que tenemos sentimientos,

Ellos fueron los que nos pusieron en esta situación,

Y tiene que evitarse.

Ten una mejor experiencia en la vida.

No des amor limitado. No te limites, ama a todos,

Estimad@s Dears

No tiene que haber una razón para hacerlo.

La despedida de un individuo no debe ser la causa de un cambio permanente.

Al saber lo devastador que es,

Preferiría mil veces padres momentáneos que padres biológicos.

Queriéndolos con cada átomo de mi ser.

Estimad@s Dears

Dear New Specie. April, 2019.

We will have to die, it is the law of life.

My concern is not death.

I do not know of that, and I do not care much.

I can take care of it while I am on my way.

I beg I see no color for the sake of the human race.

Being separated from our creators at birth is the first and most important lesson.

Indispensability. Do not live up for others.

They did or are doing what others have done for them somehow,

At times unconsciously but it had happened.

Die with the satisfaction of life.

We sure have feelings,

They are the ones putting us in this situation,

And it must be avoided.

Have a better experience at living.

Do not give limited love. Do not limit yourself, love everyone,

There is no need to have a reason to do so.

Estimad@s Dears

The farewell of an individual should not be the cause of a permanent change.

Knowing how devastating,

I would prefer a thousand times momentary parents than biological parents.

Loving them with every single atom of my own.

Estimad@s Dears

Estimado Papá. Abril, 2019.

Sabes papá, me fue un poco difícil.

A pesar de nunca tener la presencia de un padre,

Sé que seré un grandioso papá.

Quizás porque siempre lo quise ser,

O quizás porque sé que es vivir sin uno.

De todos modos, sobreviví. Bueno, entiendo,

Sé que no eres oxígeno, lo entiendo padre.

Si tan solo hubiésemos nacido con conocimiento.

Pero bueno, de ser así, el mundo estaría en perdición.

¿Te imaginas padre? ¿Algo de loco no?

En realidad, papá, sí, me fue un poco difícil.

Pequeñas cosas que uno como varoncito aprende viendo,

Yo solo vi a otra persona.

¿Cómo hablar con alguien que me gusta?

Si nunca te escuché hablándole bonito a mamá.

Otro cumpleaños sin ti, tan normal se volvió.

Estás allí, yo lo sé, mas no sé qué te limita, o quizás sí.

No lo sé, yo solo saco conclusiones.

Estimad@s Dears

No sé si sabes, pero, me considero un buen hijo,

Mi madre no diría lo mismo en su totalidad,

Pero ya sabes cómo son las madres,

Sé que sabes porque creciste con una.

En realidad, creo que estoy en un camino correcto,

Caminando a mi propio paso, disfrutando el viaje,

Tratando de encontrar esa persona que en realidad soy.

En conclusión, yo solo estoy viviendo.

Un día me puse a pensar,

Qué sería de mí si lo hubiese tenido en mi vida,

Usted me disculpará, pero le agradezco no estar,

No sabe cuánto,

Suena un poco grosero, pero bueno, las cosas como son.

Agradecido estoy porque sé que si no hubiese sido así,

Yo fuese otra persona, ¿mejor o peor? No lo sé,

más sí sé, que hoy yo no hubiese sido yo. ¡Gracias papá!

Por hacerme de esta forma inconscientemente,

Por hacerme entender que nadie en esta vida es indispensable,

Y que de una u otra manera la vida sigue. ¡Gracias papá!

Es una de las primeras lecciones que me enseñaste.

¿Quién hubiese pensado?

Estimad@s Dears

Dear Dad. April, 2019.

You know dad, it was a bit difficult.

Despite never having the presence of a father,

I know I will be a great dad.

Maybe because I always wanted to be,

Or maybe because I know what it is to live without one.

Anyway, I survived. Well, I understand,

I know you are not oxygen, I understand it dad.

If only we had been born with knowledge.

But hey, if that was to be the case, the world would have been in perdition.

Can you imagine dad? Something crazy right?

Actually dad, yes, it was a bit difficult.

Little things that a boy learns by seeing,

I only saw another person.

How can I talk to someone I like?

If I never heard you talking sweet to mom.

Another birthday without you, so normal it became.

You are there, I know, but I do not know what limits you, or maybe I do.

Estimad@s Dears

I do not know, I am only drawing conclusions.

I do not know if you know but, I consider myself a good son,

My mother would not agree completely,

But you know how mothers are,

I know you know because you grew up with one.

Actually, I think I am on the right path,

Walking at my own pace, enjoying the trip,

Trying to find that person that I really am.

In conclusion, I am just living.

One day, I started thinking,

What would have happened to me if I had you in my life,

I am sorry but, I thank you for not being,

You do not know how much,

It sounds a little rude but hey, it is what it is.

I am thankful because I know that if it was not like this,

I would be another person, better or worse? I do not know,

But I do know that today I would not have been me. Thanks dad!

For making me this way unconsciously,

For making me understand that nobody in this life is indispensable,

Estimad@s Dears

And that in one way or another life goes on. Thanks dad!

It is one of the first lessons you taught me. Who would have thought?

Estimad@s Dears

Estimada Felicidad. Abril, 2019.

Estoy feliz, ja, ja, ja. Al menos eso es lo que creo,

O quizás solo estoy pretendiendo,

¿Pero en realidad lo estoy?

Es muy difícil pretender algo de lo cual no se tiene ningún conocimiento.

Sí, yo he visto como las películas representan la felicidad,

Pero, ¿así es como se debe ver?

¿Y si no me puedo relacionar con eso en lo absoluto?

¿Y si un mal final es lo que en realidad me hace feliz?

Pues, todo puede pasar, o quizás me haga feliz temporalmente porque, en realidad,

¿Qué es de todos modos?

Tu definición de felicidad no es la misma a otros,

Cómo te atreves a decirme que debería estar feliz por mi situación.

¿Qué sabes tú? ¿Tan siquiera te conoces lo suficiente?

Tú amas el café, yo detesto su olor, pero aun así lo tomaría.

¿Eso significa que hay niveles de felicidad?

¿Tenemos que llegar a cierta edad para saber si somos felices o no?

Estimad@s Dears

Nunca he visto una cosa durar para siempre,

¿La felicidad tiene un tiempo de vida?

¿Estamos siendo realistas cada vez que decimos ese argumento?

No tengo idea. Pues, yo solo pienso.

Al principio de este arte dije, "Estoy feliz, ja, ja, ja". Me reí.

¿Esa risa significa felicidad o que estoy feliz en el momento?

¿A quién le importa de todos modos? Estoy vivo, ¿no?

Eso es lo que importa.

Vivimos tratando de saber si somos felices, y nos está matando.

Yo vivo el presente, yo vivo los momentos, los pequeños momentos.

Los recuerdos y me pregunto si estuve feliz,

Después vuelvo y pregunto,

Querida felicidad, ¿qué es ser feliz y por qué es tanto el misterio?

¿Me estaré muriendo?

Dear Happiness. April, 2019.

I am happy, haha. At least that is what I think,

Or maybe I am just pretending,

but am I really?

It is very difficult to pretend something I have no knowledge of.

Yes, I have seen how movies picture happiness,

But, is that what happiness is supposed to look like?

What if I cannot relate to it whatsoever?

What if a bad ending is what makes me happy?

I mean, anything could happen, or at least makes me happy temporarily because, I mean,

What is it anyways?

Your definition of happiness is not the same as others,

How dare you tell me I should be happy with my situation.

What do you know? Do you even know yourself enough?

You love coffee, I hate the smell of it, although I would drink it though.

Does that mean that there are levels of happiness?

There should be a certain age that we must reach to know whether we are happy or not?

Estimad@s Dears

I have never seen a thing last forever,

Does happiness have a lifetime?

Are we being realistic every time we make that statement?

I have no idea, I mean, I am just thinking.

At the beginning of this art I said, "I am happy, haha." I laughed.

Did that laugh mean happiness or that I am currently happy?

Who cares anyways? I am living right?

That is what matters.

We live figuring out whether we are happy, and it kills us.

I live the present, I live the moments, the little moments.

I remember them and wonder if I were really happy,

Then I ask myself again,

Dear happiness, what is it to be happy and why is it such a mystery?

Am I dying?

Estimad@s Dears

Estimada Duda. Mayo 10, 2019.

Me he dado cuenta de algo, la vida es injusta.

Siempre lo digo y siempre lo diré.

Hoy conversando con una amiga sobre el amor,

Le digo, mucha gente prefiere poner el dinero primero y después el amor,

Por la simple razón de que hay formas de cómo llegar a él.

De una u otra forma, todos sabemos cómo generar alguna clase de ingreso a nuestros bolsillos.

¿En cambio el amor? ¿Quién sabe cómo llegar a eso?

¿Cómo saber si esa persona es esa persona?

¿Y no otra persona detrás de esa persona?

¿Qué me garantiza?

Yo sé que si hago lo que estoy supuesto a hacer en mi trabajo ganaré dinero.

En esto del amor y el dinero,

He llegado a la conclusión de que por instinto humano,

Priorizamos el dinero más que el amor pues es mucho más fácil de adquirir.

Pienso que el amor es una de las cosas más locas que existe en este mundo,

Y al mismo tiempo tan misteriosa.

Estimad@s Dears

No hay un manual que me enseñe a hacer lo correcto para conseguir a esa persona que quiero,

Por más consejos que reciba,

Los escenarios constantemente cambian.

La vida es un regalo, un juego y un infierno,

Todo depende de ti y como lo quieras ver.

Nadie está destinado a tenerlo todo en esta vida,

De ser así, ¿qué propósito tendría la vida?

Estimad@s Dears

Dear Doubt. May 10th, 2019.

I have realized something, life is unfair.

I always say it and I will always say it.

Today as I talked to a friend about love,

I tell her, many people will put money first and then love,

For the simple reason that there are ways to get to it.

One way or another, we all know how to generate some sort of income in our pockets.

But love? Who knows how to get to it?

How do you know if that person is that person?

And not another person behind that person?

What guarantees me?

I know that if I do what I am supposed to do at work I will earn money.

In this love and money situation,

I have concluded that by human instinct,

We prioritize money more than love because it is much easier to acquire.

I think love is one of the craziest things that exist in this world,

And at the same time so mysterious.

No manual teaches me how to do the right thing to get that person I love,

Estimad@s Dears

It does not matter the amount of advice I get,

The scenarios constantly change.

Life is a gift, a game, and hell,

It all depends on you and how you want to see it.

No one is destined to have everything in this life,

If it was to be so, what purpose will life have?

Estimad@s Dears

Estimado Malentendido. Junio 26, 2019.

¿Cuál es tu significado de familia?

Por qué cada vez que un incidente importante surge,

La familia es mencionada para implicar verdad, honestidad o confianza.

Nunca entendí de dónde proviene tal ideología,

La usamos con el fin de dar credibilidad,

Y en ocasiones sí valida la declaración,

Lo que no logro entender es,

Cómo funciona para validar algo,

Pero en si no es concreta del todo.

Como jurar por mi madre, la que me trajo al mundo,

Pero a ella no le doy las tres.

Pobre estructura.

A nuestros familiares no les creemos, ni ellos a nosotros.

No hay esa relación la cual da pulso de vida a todo esto de jurar,

No tengo ningún problema con la práctica,

Más si me trae indignación,

Pues no significa nada.

Solo palabras sin valores,

Estimad@s Dears

El humano es perezoso y mezquino,

Nos rehusamos a beneficiarnos.

Hablamos por hablar, decimos sin saber,

Hacemos sin saber el por qué, o lo que significa.

Estimad@s Dears

Dear Misunderstanding. June 26th, 2019.

What is your meaning of family?

Why every time a major incident comes up,

Family is mentioned to imply truth, honesty, or trust.

I never understood where such ideology comes from,

We use it in order to give credibility,

And sometimes it does validate the statement,

What I cannot understand is,

How it works to validate something,

But it is not entirely concrete.

How to swear by my mother, the one who brought me into the world,

But I do not give her the three.

Poor structure.

We do not trust our relatives, nor do they trust us.

There is no relationship which gives life to all this swearing,

I have no problem with the practice,

Although it brings me indignation,

Because it means nothing.

Only words without values,

Estimad@s Dears

The human is lazy and selfish,

We refuse to benefit.

We talk to talk, we say without knowing,

We do without knowing why, or what it means.

Estimad@s Dears

Estimada Vida Blanca Clase Baja. Julio 13, 2019.

Ironía de la vida, una doña blanca, se sube a un Dólar Van,

Y sin conocimiento paga al subir.

Dos afrodescendientes señoras notan su curiosidad,

Naturalmente una dice, "La última parada es Atlantic Avenue,"

"Para bajarte en tu parada solo grita tu avenida,"

"Y cuando te bajes, ten tu dinero a mano."

¡Ja, ja! El chofer me lo pidió "al subir."

Estimad@s Dears

Dear White Life Low Class. July 13th, 2019.

The irony of life, a white woman, gets into a Dollar van,

And without knowledge pays upfront.

Two Afro-descendant women notice her curiosity,

Naturally one says: "The last stop is Atlantic Avenue,"

"To get off at your stop, just shout your Avenue,"

"And when you get off, have your money in hand."

Ha, ha, ha! The driver asked for mine "upfront."

Estimad@s Dears

Estimada Lógica. Julio 20, 2019.

Disfrútame, disfrútame al máximo,

Bombardéame con preguntas,

Deléitate escuchándome,

Párame y pídeme que te explique de nuevo si es necesario.

No veas mi pasado,

Es mi pasado y está en el pasado,

Eso no importa, importa esto,

Nosotros importamos, importa lo que viene,

No lo que se fue.

Escúchame para comprender,

No me escuches para responder,

Eres libre cuando estás conmigo,

Sé tú mismo, genuinamente me importas tú,

No me importa esa persona la cual finges ser.

Abrázame,

Apriétame fuerte,

Haz lo que tu corazón crea necesario,

Pero antes de todo esto,

Estimad@s Dears

Pregúntale a la lógica primero,

No a tu lógica,

A la lógica.

Dear Logic. July 20th, 2019.

Enjoy me, enjoy me to the fullest,

Bombard me with questions,

Delight yourself listening to me,

Stop me and ask me to explain again if necessary.

Do not see my past,

It is my past and it is in the past,

That does not matter, this matters,

We matter, what comes matters,

Not what went away.

Listen to me to understand,

Do not listen to me to answer,

You are free when you are with me,

Be yourself, I genuinely care about you,

I don't care about that person who you pretend to be.

Hug me,

Squeeze me tight,

Do what your heart deems necessary,

But before all this,

Estimad@s Dears

Ask the logic first,

Not to your logic,

The logic.

Estimad@s Dears

Estimado Yo. Agosto 30, 2019.

La triste realidad.

Me toca ver y analizar la vestimenta de aquella dama tan hermosa,

Para así después proceder y ejecutar mi plan desde que la vi,

El cual por ley sería contactarla después de esa mirada,

Seguir en contacto.

Duele y reconozco que soy culpable porque por razones lógicas no debería ser así.

Sumé y saqué un total del valor de todo lo visto,

Y basado a eso fueron mis probabilidades de hablarle.

Qué poco hombre.

Me pregunto cómo empezó todo,

Me pregunto cuándo fue la primera vez,

La primera vez que comencé a ver esta dinámica de esa manera.

No comparto esta culpa, pero debo decir,

Tú mujer tan hermosa,

Traes vida a este mundo,

Y por ende, el mundo debe girar a tu alrededor.

Te exclamo que me des un desafío digno,

Estimad@s Dears

No de lo que está por encima de mí.

Sería iluso el no comprender que todos tenemos criterio personal,

Y perspectivas diferentes,

Pero no me tires al agua si sabes que ya me cortaste los brazos.

¿Las damas primero?

Depende en qué escenario se use.

Lo genuino se ve y lo otro también,

Si al buen entendedor pocas palabras,

Tú sabes lo que haces,

Dime el por qué o será que acaso, ¿es porque te toca?

Estimad@s Dears

Dear Self. August 30th, 2019.

The sad reality,

I must see and analyze the dress of that beautiful lady,

To then proceed and execute my plan since I saw her,

Which by law would be to contact her after that look,

Keep in touch.

It hurts and I recognize that I am guilty because for logical reasons it should not be that way.

I added and took out a total of the value of everything seen,

And based on that were my chances of speaking to her.

Not much of a man.

I wonder how it all started,

I wonder when the first time was,

The first time I started seeing this dynamic that way.

I do not share this guilt, but I must say,

You beautiful woman,

You bring life to this world,

And therefore, the world must revolve around you.

I exclaim that you give me a worthy challenge,

Estimad@s Dears

Not of what is above me.

It would be naive not to understand that we all have different personal criteria,

And perspectives,

But do not throw me in the water if you know you already cut my arms.

Ladies first?

It depends on which scenario it is used.

You could see what is genuine and you could see what is not,

A word to the wise is enough,

You know what you do,

Tell me why or maybe it is because it is your turn?

Estimad@s Dears

Estimado Panamá. Septiembre 6, 2019.

¿Panamá, por qué te culparía?

Culparte sería como estar enojado con el Indio, Cristiano Americano de hoy,

Aunque estoy en todo el derecho de sentirme un poco decepcionado.

Yo también soy merecedor del "nombre Americano,"

Defiende lo que crees para no caer por cualquiera cosa,

Sé que has escuchado esto antes,

Está más allá de nuestro poder en lo que hemos nacidos,

Más, sin embargo, somos totalmente responsables de lo obvio,

De lo accesible.

La verdad duele, aún más cuando no está a tu favor,

Porque la propaganda ha jugado un papel importante en la vida de todos los negros.

Los profesores nos han fallado a todos,

Estudiando lo que quieren que estudies.

Pero ¿tu pereza te impidió ir más allá?

Mírate en el espejo y dite a ti mismo, ¿qué ves?

Ahora hazlo de nuevo,

Estimad@s Dears

Pero esta vez cuando respondas tu pregunta,

Responde sin emociones.

Querido Panamá, ¿qué ves?

Estimad@s Dears

Dear Panama. September 6th, 2019

Panama, why would blame you?

Blaming yourself would be like being mad at the Indian, American Christian of today,

Although I have every right to be a little disappointed.

I too am worthy of the "American name,"

Stand for what you believe so you won't fall for anything,

I know you have heard this before,

It is beyond our power what we are born into,

Although, we are fully responsible of the obvious,

Of the accessible.

The truth hurts, even more when it is not in your favor,

Because propaganda has played an important role in the lives of all blacks.

Teachers have failed us all,

Studying what they want you to study.

But your laziness prevented you from going further?

Look in the mirror and say to yourself, what do you see?

Now do it again,

Estimad@s Dears

But this time when you answer your question,

Respond without emotion.

Dear Panama, what do you see?

Estimad@s Dears

Estimado Afro-latino. Septiembre 13, 2019.

¿Sabes lo que nos diferencia?

La geografía y "nuestro" idioma.

¿Crees que somos diferentes? Pues no.

Somos lo mismo.

En un autobús local, serías Caribeño o "Americano,"

Dependiendo de la ruta.

Siéntete orgulloso de tu tierra,

Yo también siento lo mismo,

Pero ¿cómo te atreves a repudiar tu tierra natal?

El escepticismo nace al sentir tu vibra,

Y se basa en la edad, pues la inocencia se excusa.

Predicas lealtad y nunca has sido leal a los tuyos.

¿De lo obvio te rehúsas?

Nadie realmente nos enseña cómo ser feliz,

Aprendes a medida que creces.

Todo individuo busca paz y felicidad,

Algo que nunca tendremos por falta de comprensión,

Compresión de lo obvio.

Estimad@s Dears

Sabes lo que es tuyo,

No lo evites,

Si no es lo que quieres que sea,

Reconstrúyelo,

Reconstrúyelo de cualquier modo posible.

Desecha lo que está envenenando,

Y justo ahí cultiva esa semilla dentro de ti.

Allí encontrarás quién es digno de ser llamado Afro-latino.

No es quién es, sino quiénes lo hacen.

Estimad@s Dears

Dear Afro-Latino. September 13th, 2019.

Do you know what differentiates us?

Geography and "our" language.

Do you think we are different? Well no.

We are the same.

On a local bus, you would be Caribbean or "American,"

Depending on the route.

Be proud of your land,

I also feel the same,

But how dare you repudiate your homeland?

The skepticism is born once I feel your vibe,

And it is based on age, because innocence is excused.

You preach loyalty and you have never been loyal to yours.

Of the obvious you refuse?

No one really teaches us how to be happy,

You learn as you grow.

Every individual seeks peace and happiness,

Something that we will never have because of lack of the misunderstanding,

Misunderstanding of the obvious.

Estimad@s Dears

You know what yours is,

Do not avoid it,

If it is not what you want it to be,

Rebuild it,

Rebuild it in any way possible.

Throw away what is poisoning,

And right there cultivate that seed within you.

There you will find who is worthy of being called Afro-Latino.

It is not who is, but who does.

Estimad@s Dears

Estimada Verdad. Septiembre 21, 2019.

Somos humanos y debemos ser humanos.

Genéticamente hablando,

Nacemos egoístas y no es de preocuparse,

Cuídate primero, luego procede desde allí.

Se considerado pero que sea una opción tuya.

El más apto sobrevive y transmite sus mejores características.

Lo vemos todos los días de nuestra vida.

Para amar,

Debemos encontrar amor dentro.

Encontrar amor dentro,

Permite encontrar verdad.

Verdad es,

Una broma para tontos,

Y propósito para despiertos.

Siempre estuvo en ti.

Estimad@s Dears

Dear Truth. September 21st, 2019.

We are human and we must be human.

Genetically speaking,

We are born selfish, and it is not to worry,

Take care of yourself first, then proceed from there.

Be considerate but make it your choice.

The fittest survives and transmits its best characteristics.

We see it every day of our life.

To love,

We must find love within,

Finding love within,

Allows to find truth.

Truth is,

A joke for fools,

And purpose for the awaken.

It was always in you.

Estimado Texto. Enero 14, 2020

Pasar un tiempo con aquellos que suelen ignorar tus mensajes.

Y cuando responden, demoran en hacerlo.

Te das cuenta lo tan activo que son en sus teléfonos,

Luego allí asimilas tu lugar en su círculo social.

Nada más que decir.

Estimad@s Dears

Dear Text. January 14th, 2020.

Spending time with those who tend to ignore your messages.

And when they respond, they take time to do so.

You realize how active they are on their phones,

Then there you assimilate your place in their social circle.

Nothing more to say.

Estimadas Fases. Febrero 7, 2020.

Mientras más cerca esté de la gente,

Más solo me siento.

La ventaja de ser analítico es ver todo lo forzado disfrazado de genuinidad.

Mi corazón llora,

Y aunque tengo el poder de hacer un cambio,

No me inmuto en lo absoluto.

Estoy anuente de lo que me rodea,

Tan solo basta una plática de tres a cinco minutos para notar qué clase de jugador eres.

Se siente tan bien ser tú mismo,

Es una experiencia que muchos morimos sin conocer.

La soledad es una de las tantas fases por la cual debemos pasar,

Lo cual debo admitir,

Te prueba apenas aceptes su presencia.

Justo ahí tu mente funciona de la manera que fue acostumbrada.

Atrévete.

No te limites.

Estimad@s Dears

Dear Phases. February 7th, 2020.

The closer I am to the people,

The more alone I feel.

The advantage of being analytical is seeing everything forced disguised as genuineness.

My heart cries,

And although I have the power to make a change,

I do not shudder at all.

I am aware of what surrounds me,

Just a three-to-five-minute talk is enough to see the kind of player you are.

It feels so good to be yourself,

It is an experience that many of us die without knowing.

Loneliness is one of the many phases through which we must go,

Which I must admit,

It tests you as soon as you accept its presence.

Right there your mind works the way it was used to.

Dare yourself.

Do not limit yourself.

Estimad@s Dears

Estimada Mujer. Febrero 7, 2020.

El Todopoderoso le dio al hombre por naturaleza ser el Rey de nuestro imperio.

Todo niño reconoce su transición al poner en proceso el plan que ya teniendo la mentalidad de hombre adquiere.

Más, sin embargo, astuto él, dejó lo que todo hombre tiene como debilidad,

La mujer.

Que es el cuello que mueve la cabeza,

El hombre es la cabeza de la casa,

Pero sin el cuello la cabeza no se mueve,

El hombre por más considerado que sea, sabe cuál es su papel.

El hombre sabe que la mujer llena ese vacío que todo hombre tiene.

Eso únicamente las hace más valiosas que cualquiera cosa en esta superficie.

Todo hombre reconoce que el mundo gira en torno a las mujeres.

El no creer prudente esto, debería rectificar su definición de hombre.

Estimad@s Dears

Dear Woman. February 7th, 2020.

The Almighty gave man by nature to be the king of our empire.

Every boy recognizes his transition by putting into process the plan that he acquires once having the mentality of a man.

But nevertheless, astute he, left what every man has as weakness,

The woman.

Which is the neck that moves the head,

The man is the head of the house,

But without the neck the head does not move,

The man as considerate as he is, he knows what his role is.

The man knows that the woman fills that empty spot that every man has.

That just makes them more valuable than anything on this surface.

Every man recognizes that the world revolves around women.

Failure to believe this, should rectify his definition of man.

Estimad@s Dears

Estimada Experiencia. Marzo 3, 2020.

Siente la experiencia basada en la personalidad de alguien. Analiza.

Estimad@s Dears

Dear Experience. March 3rd, 2020.

Feel the experience based on somebody's personality. Analyze.

Estimada Decisión. Marzo, 2020.

A ciencia cierta nunca tuve una razón justa de tu por qué,

A pesar de todos los cambios, tu trato no logré clasificar.

Confundido entre una lección, bendición o equivocación,

No sé cuál fue la definición que le diste.

Más sí sé, no fue la mejor opción,

Y aun así respeté tal decisión.

Dear Decision. March, 2020.

For sure I never had a fair reason of your why,

Despite all the changes, your treatment I failed to classify.

Confused between a lesson, blessing or mistake,

I do not know what the definition you gave it was.

But what I do know, it was not the best option,

And yet I respected that decision.

Estimad@s Dears

Estimada Inconsideración. Marzo, 2020.

Al creer que tu situación no se compara con una desconocida,

Pierdes el balance de conciencia propia y muestras un poco de mezquindad.

Mide eso.

Los problemas están en cantidad,

La impaciencia también.

Un perro en una carrera en el agua contra pescados,

Su probabilidad de salir victorioso es baja por desventajas naturales,

Y aun así compite.

Estimad@s Dears

Dear Inconsideration. March, 2020.

By believing that your situation is not compared to a stranger,

You lose the balance of self-awareness and show a bit of selfishness.

Measure that.

Problems are in quantity,

Impatience as well.

A dog in a water race against fish has a low probability of being victorious due to natural disadvantages,

And yet still competes.

Estimada Doncella. Abril 29, 2020.

Hoy lloré una vez más por ti.

Desde el momento que lloré por primera vez,

Me di cuenta que perdí,

Perdí por estar en la posición que no quería estar,

Perdí al momento que mi cuerpo perdió control absoluto,

Y mostró sus emociones mediante lágrimas e inquietud.

Dear Doncella. April 29th, 2020.

Today I cried one more time for you.

From the moment I cried for the first time,

I realized that I lost,

I lost because I was in the position I did not want to be,

I lost the moment my body lost absolute control,

And showed its emotions through tears and restlessness.

Estimad@s Dears

Estimada Voluntad. Mayo 24, 2020.

Entendí que una relación no se trata del título,

Si no de la conexión y la voluntad de querer mejorar las cosas.

Pero con poco conocimiento referente a la voluntad,

Poco serán los actos,

Todo se convierte temporal.

Estimad@s Dears

Dear Will. May 24th, 2020.

I understood that a relationship is not about the title,

But about the connection and the will to want to improve things.

But with little knowledge regarding the will,

Little will be the acts,

Everything becomes temporary.

Estimad@s Dears

Estimada Inestabilidad Mental. Mayo 26, 2020.

Te quiero aquí porque sé que encajas en mí,

De una forma extraña pues no logro llenar tus expectativas por más que intente.

Todo pasa por algo,

Nada es coincidencia.

Debo decir que no confié lo suficiente al dudar de tu capacidad de mantener tu palabra,

Al cuestionar aun viendo acciones,

Al asumir una actitud hacia mi justificando la mía.

Definitivamente que tu mente crea tu mundo,

Teniendo el poder de darlo por acordado,

Opto a lo confuso,

Indagando y cuestionando lo que en más de una ocasión vi.

Reina en su totalidad,

Más no de mi mundo.

Sin justificar por qué la decisión la tomé yo,

Pero los factores que hacen tomar la decisión son decididos por el momento y su importancia.

Estimad@s Dears

Dear Mental Instability. May 26th, 2020.

I want you here because I know you fit in with me,

In a strange way because I cannot meet your expectations no matter how hard I try.

Everything happens for a reason,

Nothing is a coincidence.

I must say that I did not trust enough by doubting your ability to keep your word,

By questioning even when seeing actions,

By assuming an attitude towards me justifying mine.

Your mind definitely creates your world,

Having the power to take it as understood,

I choose the confusing,

Inquiring what I saw on more than one occasion.

Queen in your entirety,

But not of my world.

Without justifying because the decision was made by me,

But the factors that make the decision are decided by the moment and its importance.

Estimad@s Dears

Estimado Tiempo. Junio 15, 2020.

Todo empieza desde casa,

En la mía no hubo Rey,

Hubo dos Príncipes, una Princesa,

Y una Reina muy luchadora.

Mediante pasa el tiempo,

Más llegan las responsabilidades,

Más son los problemas,

Nunca hubo una estructura porque el Rey andaba en otra onda.

La Reina hacía lo mejor que podía, pero ella siendo el cuello,

No estaba la cabeza.

Pasa el tiempo,

Cambian los papeles,

No noté mi ascenso,

Más sí sé que ascendí.

Cambié de parecer y cambié de persona.

Lo que estaba supuesto a saber por enseñanza hereditaria no lo sabía.

Me rehúso a ser la víctima,

Pero en desventaja sí estaba.

Dear Time. June 15th, 2020.

Everything starts from home,

In mine there was no king,

There were two princes, a princess,

And a very feisty queen.

Through time passes,

More come the responsibilities,

More are the problems,

There was never a structure because the king was on a different wavelength.

The queen did the best she could but she being the neck,

There was no head.

Time passes,

The roles change,

I did not notice my ascent,

But I do know that I ascended.

I changed my mind and changed as a person.

What I was supposed to know by hereditary teaching I did not know.

I refuse to be the victim,

But at a disadvantage I was.

Estimad@s Dears

Estimado Amor de mi Vida. Julio 2, 2020.

He aprendido a ser más fuerte,

No dejar que mis sentimientos se apoderen de mis decisiones.

Han pasado días sin saber nada de ti,

Solo bastó ver una iniciativa de acercamiento hacia mí,

Y mi corazón volvió a latir de la manera que solía.

Ya no es como antes,

Duele mucho, pero todo cambió.

Soy más disciplinado porque me mantengo a la altura,

Otorgando respeto a mis ideales,

Al saber que por más que todo de mi quiera,

No eres de mi mundo,

Eres esa persona que de momento sientes que serán más que un intercambio de palabras,

Encajas, pero no eres la pieza restante de mi rompecabezas.

Llegaste a mi vida como las olas del mar,

Llegaste llena de emociones,

Me moviste,

Me brindaste abundancia,

Una vez logrado tu objetivo que de por sí es naturaleza.

Desapareciste.

Estimad@s Dears

Dear Love of my Life. July 2nd, 2020.

I have learned to be stronger,

Not let my feelings take over my decisions.

Days have passed without knowing anything about you,

It was enough to see an initiative towards me,

And my heart began to beat the way it used to.

It is not like before,

It hurts a lot, but everything changed.

I am more disciplined because I stand tall,

Giving respect to my ideals,

Knowing that no matter how much I want,

You are not from my world,

You are that person who in the moment you feel will be more than an exchange of words,

You fit in but you are not the remaining piece of my puzzle.

You came into my life like the waves of the sea,

You came full of emotions,

You moved me,

You gave me abundance,

Once you achieved your goal, which in itself is nature.

You disappeared.

Estimad@s Dears

Estimado Primer Amigo. Septiembre 3, 2020.

Juntos desde el vientre.

Ya hasta el Sol nos broncea distinto,

La población crece,

Y nuestros mundos se tornan distintos.

Relaciono tu espíritu como dos eternos amigos,

Sin necesidad de tocar,

Puedo sentir tu latido.

Más allá de lo físico,

No estás lejos y de eso estoy seguro.

Nuestros alrededores nos distraen de distintas formas,

La vida nos traza numerosas salidas,

A millones de kilómetros,

La geografía enfatiza su importancia,

Y las tradiciones nos recuerdan que con el tiempo todo cambia.

Nada como casa,

En carne me reúno con mi amigo,

Que en conciencia pura comparte su vida y la hace mía,

El no entender es parte del ser,

El no querer entender, impide al ser, ser.

Estimad@s Dears

Dear First Friend. September 3rd, 2020.

Together from the womb.

Even the sun tans us differently,

The population grows,

And our worlds become different.

I relate your spirit as two eternal friends,

Without touching,

I can feel your heartbeat.

Beyond the physical,

You are not far and of that, I am sure.

Our surroundings distract us in different ways,

Life traces us numerous exits,

Millions of kilometers away,

Geography emphasizes its importance,

And traditions remind us that over time everything changes.

Nothing like home,

In flesh I reunite with my friend,

Who in pure conscience shares his life and makes it mine,

Not understanding is part of being,

Not wanting to understand,

Prevent the being, from being.

Estimad@s Dears

Estimada Niñez. Septiembre 19, 2020.

La lluvia nos deleita con su hermosa melodía,

Y la brisa a su lado pegándonos de la manera justa,

Trayendo esas memorias que de niños priorizamos tanto.

En la mañana cantan los pájaros,

Y en las noches los insectos,

Sin duda el festival más subestimado de este planeta.

Las raspaduras completan nuestra piel,

Entre más grandes, más cuidado te ponen,

Pues las posibilidades de hacerte otra eran altas.

Creciendo comprendí que cada temporada representa aventuras con distintos escenarios,

Y que el amor cambia de definición mediante vives.

Niñez, ¿recuerdas?

Primer amor,

Primera decepción,

Primer error,

Primer desamor.

Estimad@s Dears

Me aflijo hacia ti porque ahora comprendo lo tan importante que eres en la vida de un niño.

Estimad@s Dears

Dear Childhood. September 19th, 2020.

The rain delights us with its beautiful melody,

And the breeze by its side hitting us the right way,

Bringing those memories that as children we prioritize so much.

In the morning the birds sing,

And at night so do the insects,

Without a doubt the most underrated festival of this planet.

Scars complete our skin,

The bigger they were, the more care they give you,

Because the chances of getting another one was high.

Growing up I understood that each season represents adventures with different settings,

And that love changes its definition as you live.

Childhood, remember?

First love,

First disappointment,

First mistake,

First heartbreak.

Estimad@s Dears

I grieve for you because I now understand how important you are in the life of a child.

Estimad@s Dears

Estimada Decepción. Septiembre 21, 2020.

Sé que hoy lloras,

Y no salgo de tu cabeza,

Sé que preguntas por qué pasa esto.

Estoy seguro que me piensas y cada vez que pasa,

Los recuerdos llegan.

Muy tarde me di de cuenta, que por más que quería,

No se podía,

Que mientras vivíamos y compartíamos,

Poco tiempo dedicamos a lo que queríamos,

Poco tiempo dedicamos a lo que nos comía.

Nos acostumbramos a la vibra que siempre solía,

Recordarnos que vale la pena la estadía,

Olvidándonos un poco de lo que tarde o temprano llegaría,

La falta de adaptación, a lo que una vez fue seguro,

Hoy es confusión,

De lo que sentimos los dos en nuestros corazones.

Estimad@s Dears

Dear Disappointment. September 21st, 2020.

I know that today you cry,

And I cannot get out of your head,

I know that you ask why this happens.

I am sure you think about me and every time it happens,

The memories come.

Very late I realized that no matter how much I wanted to,

It was not possible,

That while we lived and shared,

Little time we dedicated to what we really wanted,

Little time we spent knowing what was eating us.

We got used to the vibe that always used to remind us that the stay is worth it,

Forgetting a bit about what would come sooner or later,

The lack of adaptation, to what was once safe,

Today is confusion,

Of what we both feel in our hearts.

Estimad@s Dears

Estimada Reina. Septiembre 24, 2020.

La balanza mostraba la gran ventaja que los golpes de la vida sacaban de mí, la armonía solo la conocía por definición,

Y muchas veces me pregunté, "¿por qué yo?"

Pues la pregunta cambiaría mi vida dependiendo de mi percepción,

Y aun sabiendo que en mi corazón había más de una opción,

Siempre pensaba en ponerle fin a todo,

Pues para mí nada tenía razón.

En mi angustia llegaste llena de amor,

Papá Dios me escuchó y te mandó a ti como respaldo,

Dando luz a todo cerca de tu alrededor,

Brindando esa sensación de que todo puede cambiar para algo mejor,

Tú mi niña de mis ojos eres la razón por la cual hoy digo que soy y estoy mejor.

Pues para mí, mi mundo al lado tuyo es más acogedor,

Hoy cumples dos, que a tu pequeña edad, haz hecho un montón sin darte cuenta,

Una artista que da a mi vida color,

Una jugadora que conoce bien su posición,

Estimad@s Dears

Y sin dudarlo lo mejor que a mi vida llegó.

Feliz cumpleaños, Reina.

Dear Queen. September 24th, 2020.

The scale showed the great advantage that the blows of life took from me,
I only knew harmony by definition,
And many times I would ask myself, why me?

Well, the question would change my life depending on my perception,
And even knowing that in my heart there was more than one option,
I always thought about putting an end to everything,
Because for me nothing was right.

In my anguish you came full of love,
God listened to me and sent you as a back-up,
Giving light to everything close to you,
Providing the feeling that everything can change for the better,
You the apple of my eyes, you are the reason why today I say that I am better.

Because for me, my world next to you is more welcoming,
Today you turn two, and at your small age, you have done a lot without even realizing,
An artist who gives my life color,

Estimad@s Dears

A player who knows their position well,

And without hesitation the best that came to my life.

Happy Birthday Reina.

Estimadas Gotas de Lluvia. Octubre 31, 2020.

Empañada la vista,

Con tu llanto acogedor,

Toda luz por haber,

Ondea su color,

Y mientras voy,

Me doy cuenta que estoy,

En mi forma más humana,

Admirando tu creación.

Estimad@s Dears

Dear Raindrops. October 31st, 2020.

Blurred the view,

With your welcoming cry,

All light to have,

Its color flutters,

And as I go,

I realize that I am,

In my most human form,

Admiring your creation.

Estimad@s Dears

Estimada Comunicación. Noviembre 3, 2020.

Dependiendo de tu experiencia con la definición de una palabra,

Malinterpretas el significado por optar a que tus sentimientos sean más grandes de lo que son.

Ve las cosas por las que son,

No seas mezquino.

Nadie tiene que soportar tu actitud,

Los problemas están,

Y de ellos todos somos herederos.

Más, sin embargo, la comunicación mantiene ese orden.

Estimad@s Dears

Dear Communication. November 3rd, 2020.

Depending on your experience with the definition of a word,

You misunderstand the meaning by choosing to make your feelings bigger than what they are.

See the things for what they are,

Do not be selfish.

Nobody has to put up with your attitude,

Problems are there,

And we are all heirs to them.

However, communication maintains that order.

Estimad@s Dears

Estimada Ley de Atracción. Diciembre 29, 2020.

Sin decir mucho, logro comunicar,

Ese deseo de tenerte y hacerte mía, sin ni siquiera tocar.

Tus ojos transmiten una energía única,

Lo cual mi ser tiende a sonrojar.

Te quiero para mí,

Aunque sé que eres del mundo,

Y como viniste, te irás.

Sin duda te recordaré,

Como la única que consiguió llegar,

A ese nivel íntimo,

Sin ningún trapo bajar.

Dear Law of Attraction. December 29th, 2020.

Without saying much, I manage to communicate,

That desire to have you and make you mine, without even touching.

Your eyes transmit a unique energy,

Which my being tends to blush.

I want you for me,

Although I know that you belong to the world,

And how you came, you will go.

I will surely remember you,

As the only one who managed to get there,

At that intimate level,

Without any cloth going down.

Estimad@s Dears

Estimado Arrepentimiento. Diciembre 29, 2020.

No te sientas miserable cuando la soledad se convierta en tu nuevo amigo,

Por más que con ella traiga momentos en las cuales te vistes afligido,

Recuerda que en esos momentos optaste por lo que tus sentimientos pedían a gritos,

Sin importar las repetidas veces que tu cerebro te advertía,

Tú hiciste caso omiso,

Ahora estás en la soledad,

Desacreditando a tu corazón por el daño que te hizo,

Cuando tu cerebro siempre lo supo,

Habló con el corazón,

Y él aun así no se detuvo.

Dear Regret. December 29th, 2020.

Do not feel miserable when loneliness becomes your new friend,

As much as it brings moments in which you saw yourself in distress,

Remember that in those moments you opted for what your feelings were crying out for,

Regardless of how many times your brain warned you,

You paid no mind,

Now you are alone,

Discrediting your heart for the damage it did to you,

When your brain always knew,

It spoke to the heart,

And it still did not stop.

Estimado Regalo. Enero 16, 2021.

Hoy recibí un regalo,

Las escarchas exclamando ser miradas cuando de la luz se hace compinche,

Inconscientemente trayendo esa sensación que tus emociones muestran por esos segundos de conexión.

Que en su debido momento pones por delante,

La miseria de amor que en uno de los muy pocos días más falsos momentos te mostró,

Eligiendo lo que de tanta lucha a silencio pide tu corazón.

Porque el verdadero amor perdona,

No abandona.

Y desde allí comprendí, el poder de saber elegir,

Qué parte de ti otorgarás,

El honor de a tu vida contribuir,

Y también decidí, nada de ti recibir,

Para así restringir,

Tu vaga forma de querer construir.

Estimad@s Dears

Lo que con mucha boca nunca dejas de decir,

Sabiendo que para mí,

La voluntad de querer sobrepasa,

Cualquier fecha feriada,

Cualquier fecha "especial".

Estimad@s Dears

Dear Gift. January 16th, 2021.

Today I received a gift,

The glitter exclaiming to be looked at when with the light becomes its sidekick,

Unconsciously bringing that sensation that your emotions show for those seconds of connection.

That in the moment you put first,

The misery of love that in one of the very few days most false moments they showed,

Choosing what your heart asks for from so much fighting in silence.

Because true love forgives,

It does not give up.

And from there I understood, the power of knowing how to choose,

What part of you you will give,

The honor of contributing to your life,

And I also decided, nothing from you receive,

In order to restrict,

Your vague way of wanting to build.

What with a lot of mouth you never stop saying,

Estimad@s Dears

Knowing that for me,

The will of wanting surpasses,

Any holiday date,

Any "special" date.

Estimad@s Dears

Estimada Erótica. Febrero 15, 2021.

Otra historia más de amor,

En donde la princesa sufre por su posición,

Pero nadie sabe la dosis que la ayuda a combatir esa decepción,

Que aun teniéndolo todo, nada logra saciar ese descontrol,

Ese ser que lleva por dentro, que exclama cierta clase de calor,

Que hasta el átomo más profundo de ella,

Deja de hacer su función,

Para por segundos poder admirar aquella genuina aflicción,

Esa manera tan demandante que sin con la más mínima intención,

Logra tener control, y sin darse cuenta, todo siempre es a su favor,

Pues tal vibra diferente, aleja toda preocupación,

Permitiéndole a ella expandir sus alas sin pavor,

Hermosa por fuera y fascinante por dentro,

Pues a mí se entrega de afuera hacia adentro,

Y aunque en las mañanas no sea al que ella primero vea,

Siempre seré a el que ella desea.

Pensándome entre medio de risas,

Pues bien sabe ella,

Que la piel es de quien la eriza.

Estimad@s Dears

Dear Erotica. February 15th, 2021.

Another love story,

Where the princess suffers for her position,

But no one knows the dose that helps her fight that disappointment,

That even having everything, nothing can satisfy that disorder,

That being that she carries inside, that exclaims a certain kind of heat,

That even the deepest atom of it,

Stops playing its role,

So that for seconds to be able to admire that genuine affliction,

That way so demanding that without the slightest intention,

It manages to have control, and without realizing it, everything is always in her favor,

Because such a different vibe, removes all worry,

Allowing her to spread her wings without fear,

Beautiful on the outside and fascinating on the inside,

Because she gives herself to me from the outside to the inside,

And although in the morning I am not the one that she sees first,

I will always be the one she wants.

Thinking of me between laughter,

Well she knows,

That the skin belongs to the one who gives goosebumps.

Estimad@s Dears

Estimada Despedida. Abril 24, 2021.

Ingenuo sería al no esperar tu llegada,

Pues en conciencia pura no podía y aun así seguía,

Pues ese querer de sentir tu amor importó más de lo que tú sentías,

Y de día a día ese amor crecía, de parte de los dos, pero de mí sin valentía,

Porque en base a mi situación y la tuya, tenía una idea de lo que se venía,

Pero lo dejé fluir porque mi corazón lo pedía,

Ignorando a la sabiduría que en varias ocasiones me decía,

Que todo lo que se quiere no puede ser tuyo,

Y que puede haber mil flores en tu jardín,

Y por más lindas que estén, si las coges, las dejarás morir.

Mientras leía la importancia de la estadía,

Comprendía que no todos los amores son para toda la vida,

Quizás no hoy, ni mañana, quizás en la otra vida,

Todo de mí, pide todo de ti.

Pero ahora sí, ahora sí lo dejo fluir,

Pero no de la misma manera, ahora sí tiene un fin,

Porque en vivencia comprendo que si es para ti,

Ni aunque parezca imposible jamás se podrá ir.

Estimad@s Dears

Dear Farewell. April 24th, 2021.

Naive would I be not to wait for your arrival,

Because in pure consciousness I could not and still I continued,

Because that wanting to feel your love mattered more than what you felt,

And from day to day that love grew, from both of us, but from me without courage,

Because based on my situation and yours, I had an idea of what was coming,

But I let it flow because my heart asked for it,

Ignoring the wisdom that repeatedly told me,

That everything that is wanted cannot be yours,

And that there may be a thousand flowers in your garden,

And as beautiful as they are, if you take them, you will let them die.

While reading the importance of the stay,

I understood that not all loves are for life,

Maybe not today, not tomorrow, maybe in the afterlife,

Everything from me, asks everything from you.

But now I do, now I let it flow.

But not in the same way, now it has an end,

Because in experience I understand that if it is for you,

Even if it seems impossible, it will never be able to leave.

Estimada Criminal Hábil. Junio 24, 2021.

Otra bala más,

Con dirección hacia allá,

Otra ruta desconocida,

Sin camino y sin final,

El proveedor se hace más ligero,

Y el tino intacto en precisión,

Mientras más de ella deja ir,

Menos carga siente al ir.

Estimad@s Dears

Dear Smooth Criminal. June 24th, 2021.

Another bullet,

Heading that way,

Another unknown route,

Without a path and without an end,

The extendo becomes lighter,

And the acumen intact in precise,

The more of her she lets go,

The less burden she feels going.

Estimad@s Dears

Estimada Serenidad. Julio 23, 2021.

Cada átomo se alinea con la vibración que proyecta tu alma,

Y cada uno de ellos tiene como deber tu cuerpo poseer,

Es de alta presión, siempre se vuelve intensa.

No se necesita nada para que el cuerpo descanse y se concentre,

Y una vez que tu esencia y la mía se encuentran,

Mucho se espera, mucho puede significar.

En carne ya no estamos,

Porque nuestra mente ya pasó esa ley,

La ley de dar vida,

A la conexión que dos almas piden que no se retiren.

Dear Serenity. July 23rd, 2021.

Every single atom aligns with the vibration your soul projects,

And every single one of them have as duty your body possess, it is high pressure, it always gets intense.

It takes nothing for the body to rest, and concentrate,

And once your essence and mine are met,

A lot is expected, a lot can be meant.

In flesh we no longer stand,

Because our mind already out passes that law,

The law of bringing to life,

The connection that two souls beg for it not to be withdrawn.

Estimad@s Dears

Estimada Capacidad. Julio 23, 2021.

Subestimo la capacidad del acto de las personas por instinto humano,

De soltar cuando no conviene,

Porque esa misma capacidad no da más allá de la puerta frontal,

Tan normal se ha vuelto soltar las "pesas" que en su inicio rogabas portar,

Pues ya no suelen dar ese efecto de superioridad.

Cambian las cosas, y algunas no se pueden cambiar.

El mundo sigue, por eso uno menos, uno más,

Pero la conciencia te ataca por el acto fatal,

Justificando la acción que de momento da paz,

Pero tu subconsciente sabe que más nunca volverá,

Nunca será y con el tiempo extrañarás.

No dejes que la capacidad sea el autor de esa actividad.

Dear Capacity. July 23rd, 2021.

I underestimate the capacity of people's act by human instinct,

To release when it is not convenient,

Because that same capacity does not go beyond the front door,

So normal has it become to drop the "weights" that at the beginning you begged to carry,

Because they no longer usually give that effect of superiority.

Things change, and some cannot be changed.

The world goes on, that is why one less, one more,

But conscience attacks you for the fatal act,

Justifying the action that for the moment gives peace,

But your subconscious knows that it will never come back,

It will never be and as the time goes you will miss.

Do not let the capacity be the author of that activity.

Estimada Decisiones. Julio 23, 2021.

Me elegí a mí,

Pues la balanza no daba a mi favor,

Y no suelo dar contra,

Pero tuve que decir que no.

Me elegí a mí,

Pues la caducación tocó mi puerta y me advirtió,

Y me contó que no importa cómo lo pusiera,

De igual forma no sería mejor.

Me elegí a mí,

Pues viendo la dirección que elegiste, no vistes mi motor,

Y en mi subconsciente, sé que es más que una decisión,

Es el comienzo de una transición,

De dos amores que buscan con urgencia un proveedor.

Dear Decisions. July 23rd, 2021.

I chose myself,

Because the balance did not give in my favour,

And I do not usually go against,

But I had to say no.

I chose myself,

Because the expiration knocked on my door and warned me,

And it told me that no matter how I put it,

Either way it would not be better.

I chose myself,

Because seeing the direction you chose, you did not see my engine,

And in my subconscious, I know that it is more than a decision,

It is the beginning of a transition,

Of two loves that are urgently looking for a provider.

Estimad@s Dears

Estimadas Maneras. Julio 28th, 2021.

Sin darme cuenta noté ese vacío,

Esos pensamientos poco importantes que rotundamente abundan mi mente.

No es como antes y tampoco espero que sea.

A mi manera, porque fue la única forma que conocí,

A la que, por medio de golpes, sacrificios y conciencia, amoldé y di definición.

Te imploro a que la entiendas y no te cierres para que de ella no temas,

Pues en la llegada para unos seré una inspiración y para otros una amenaza.

Al final del día, en ella siempre encontrarás a Ebrahim.

Estimad@s Dears

Dear Ways. July 28th, 2021.

Without realizing it I noticed that emptiness,

Those careless thoughts that flatly abound in my mind.

It is not like before and I do not expect it to be.

My way because it was the only way I knew,

To which through blows, sacrifices and conscience, I molded and gave definition.

I implore you to understand it and do not shut yourself up so that you do not fear it,

Because on arrival for some I will be an inspiration and for others a threat. At the end of the day, you will always find Ebrahim in it.

Estimad@s Dears

Estimada Introspección. Julio 28, 2021.

Creciendo aprendí que Dios creó al hombre en semejanza a Él,
Luego me miro al espejo y me pregunto si seré yo o seré Él.
Él vive dentro de mí, cómo no ser yo Él. Él está aquí, Él es mi ser.

Yo en semejanza a Él, mi piel no es blanca, mi piel es miel.
Yo en semejanza a Él, mi cabello no cae, él siempre está de pie.
Yo en semejanza a Él, no me parezco tanto como lo suelo ver.

Si yo en semejanza a Él, no me identifico con Él,
¿Quién seré yo o quién será Él?

Dear Introspection. July 28th, 2021.

Growing up I learned that God created man in His likeness,

Then I look in the mirror and wonder if it is me or it is Him.

He lives inside me, how can I not be Him. He is here, He is my being.

I, in likeness to Him, my skin is not white, my skin is honey.

I, in likeness to Him, my hair does not fall, it always stands.

I, in likeness to Him, do not resemble myself much when I see Him.

If I, in likeness to Him, do not identify myself with Him,

Who am I or who is He?

Estimad@s Dears

Estimada Tétrica. Julio 29, 2021.

La noche se presta para más que una discoteca,

Pues también se arreglan las armas y las escopetas,

Alabándolas como santos, porque de ellas depende la vuelta,

Porque en el momento del acto, cada acción cuenta.

La presencia se siente y está tocando puertas.

Al que mal ejecute, se le descuenta,

Porque los fallos se pagan, y toca pagar cuentas.

Con los míos me resguardo, porque ellos conocen de la vuelta,

Desde sus horizontes saben bien que la noche se presta,

No sólo para una discoteca, sino también para darse cuenta,

De que muchas caras más nunca vemos y ni nos damos cuenta.

Estimad@s Dears

Dear Tetric. July 29th, 2021.

The night lends itself to more than a club,

Because guns and shotguns are also getting dressed,

Praising them as saints, because the move depends on them,

Because at the moment of the act, every action counts.

The presence is felt and is knocking on doors.

Whoever executes bad, gets discounted,

Because mistakes are paid, and you must pay them.

With mine I protect myself, because they know about the move,

From their horizon they know well that the night lends itself,

Not only for a club, but also to realize,

That many faces we will never see and do not even realize.

Estimado Picaflor. Diciembre, 2016.

Ella: Cariño, no estoy preparada para eso, o sea podemos ir y si quieres yo te lo mamo y tú me la mamas a mí si quieres... ni siquiera vamos a tener mucho tiempo.

Él: ¡Vamos y veamos qué pasa! ¡What the fuck, no me enojes

Ambos entraron a la habitación

Él: ¿Estás lista?

Ella: Sí

Metió el pene dentro de ella

Empiezan a follar. Ella grita: "Fóllame más fuerte," mientras él se concentra en satisfacerla

Después de un tiempo terminaron de "hacer el amor," ambos se vistieron y caminaron a casa

Él: Bebé, ¿estás segura de que esta fue tu primera vez?

Ella: Sí, bebé, te lo juro por mi madre.

Él: pone esa cara de "no te creo"

Él: Está bien.

Ella: ¿Así que ahora que finalmente me follaste me vas a dejar?

Él: ¡Oye, ni siquiera es tan serio, solo olvídalo!

Ambos llegaron a casa y comenzaron a hablar

Él: Para serte honesto, sé que no eras virgen, pero está bien.

Ella: Mira, esta es la mierda de la que estaba hablando, sabía que ibas a venir con una mierda como esta, esta es la razón por la que no quería dársela a nadie ahora, ¿crees que he estado follando? ¡Por favor!

Estimad@s Dears

Él: Se directa, no me voy a enojar.

Ella: Si lo soy, ningún vato me había tocado allí, excepto tú, nadie más, pero ahora, ¿no me crees? Guau, no lo puedo creer.

Pasaron dos semanas y ambos estaban de vacaciones de Navidad. Están hablando de nuevo. Él la despierta con un párrafo que explica cómo sabía que ella no era virgen. Ella no lo esperaba, incluso después de leer todo, todavía lo negó

Ella le responde

Ella: No bebé, no me dejes. Sabes que te amo y no quiero que esto termine. Te juro por Dios que no te estoy mintiendo, créeme.

Él: Ya me perdiste, sé que estás mintiendo, así que es mejor que hables ahora antes de que las cosas empeoren. Todavía te amo, pero necesito saber la verdad.

Ella: ¡Bebé esa es la verdad, qué carajo! ¿Por qué mentirte sobre eso? Por favor, no me hagas eso ahora.

Él: Ya terminé contigo, por favor olvídate de mi, te bloquearé así que por favor ni te molestes porque pronto me trasladaré de escuela. No puedo soportarlo más.

Ella: ¡Bebé no! ¡Haré lo que quieras, pero por favor no te transfieras, qué carajo! No hagas eso, te diré la verdad, pero no puedo hacerlo ahora mismo.

Él: No, dímelo ahora antes de que sea demasiado tarde. Estoy tratando de resolver esto contigo, pero necesito saberlo porque sé que no eres virgen.

Ella: Bebé, escucha, esto es difícil de explicar para mí, pero cuando era más joven uno de mis primos me violó, estábamos en una barbacoa familiar y yo estaba dentro de la casa, todos estaban afuera menos yo, él entró y comenzó tocándome hasta que me violó.

Estimad@s Dears

Leyó el mensaje, pero no respondió hasta 5 minutos después

Él: ¿Cuándo fue esto?

Ella: Cuando tenía 14 años, bebé, créeme, esta es la verdad, lo juro por Dios.

Él: ¿Lo viste después de eso?

Ella: No, se fue y desde ese día no lo he visto.

Se toma otros 5 minutos sin responder, luego respondió

Él: Escucha, sé que estás mintiendo, así que tienes una oportunidad más antes de que realmente deje tu vida, ya le dije a mi mamá que me transfiriera de todos modos.

Ella: ¡No bebé, por favor no, no me hagas esto, esa es la verdad, lo juro! ¡No estoy mintiendo esta vez, por favor créeme, por favor!

Él: Crees que soy estúpido, ¿verdad? Sé que estás mintiendo, así que dime la verdad antes de que me vaya.

Ella: Espera nooooo, esto es difícil, no entiendes cómo me siento ahora mismo, no puedo hacer esto ahora mismo, ¿podemos hablar después? Te extraño.

Él: No hay tal cosa como "nosotros," te engañaste a ti misma, vales mierda y lo digo en serio.

Ella envía emojis de corazones rotos

Ella: Esta es la verdad, cuando estaba en la secundaria me gustaba un chico. Un día fui a su casa y simplemente sucedió...

Él: ¿Cuántos años tenía?

Ella: Tenía 17 años.

Las lágrimas comenzaron a salir, luego él responde

Él: Realmente eres una mierda, ¿por qué tuviste que mentir sobre esa tontería? ¿Te dije que tenías que ser virgen para salir conmigo? ¿Después de todos los planes que teníamos juntos? ¿Incluso los tatuajes que se suponía que íbamos a tener juntos? ¿Las vacaciones a las que se suponía que íbamos a ir juntos? Toda esa mierda está cancelada, de ahora en adelante me mantendré alejado de todos, no me mereces, realmente eres una mierda, ¿por qué me mentirías sobre eso?

Ella: No lo sé, lo juro por Dios, pero lo que sé es que te amo y te quiero y voy a luchar por tenerte de vuelta, me niego a perderte, eres todo lo que siempre he pedido, por favor, bebé, detente. Te amo, dame otra oportunidad

Ignora todos sus mensajes

Al día siguiente por la mañana ella le envió un mensaje de texto de nuevo.

Ella: Cariño, lo siento mucho por lo que hice, lo siento mucho, lo juro por Dios, por favor déjame compensarte, sabes que lo que siento por ti es real y si no me quieres de vuelta juro que no saldré con nadie más hasta un largo período...

Dejaron de hablar por completo

Pasa la semana que viene y se entera de que su ex sale con otro chico.

Inicia una conversación con un amigo en clase

Su amigo: Hermano, ¿escuchaste sobre tu ex?

Él: Si hermano, pero ni siquiera me importa para serte honesto, lo que es realmente gracioso es cómo dijo que no volvería a estar en una relación entre un buen tiempo, y ahora, ¿ves?

Los dos se rieron

Moraleja de la historia: Así es como pasa un hombre de amoroso a picaflor.

Estimad@s Dears

Dear Hummingbird. December, 2016.

Her: Baby I'm not ready for that, I mean we could go and I could just give you a blow job and you could give me the same if you want to . . . we're not even gonna have a lot of time.

Him: Yo let's just go over there and see what happens! What the fuck, don't get me tight!

They both walked into the room

Him: Are you ready?

Her: Yeah.

He put his dick inside of her

They started fucking. She's screaming "fuck me harder" while he's focused on satisfying her

After a few they finished "making love," they both got dressed and walked home

Him: Baby you sure this was your first time?

Her: Yes baby I put that on my mother.

He puts that "I don't believe you" face

Him: Okay.

Her: So now that you finally fucked me you're gonna leave me?

Him: My nigga is not even that serious just forget about it.

They both got home and started texting

Him: To be honest I know you weren't a virgin but okay.

Her: See this is the shit I was talking about I knew you was gonna come with some bullshit like this, this is the reason why I didn't wanna give it to

Estimad@s Dears

nobody now you think I been fucking what the fuck.

Him: Bro just come to me straight I'm not gonna get mad.

Her: I was, what the fuck, I put that on my moms, no nigga has ever touched me down there but you, nobody else but now you don't believe me? Wow, shaking my head.

Two weeks passed, and they were both on Christmas break. They're back at texting, he wakes her up with a paragraph explaining how he knew she wasn't a virgin. She wasn't expecting it, even after reading the whole thing she still denied it

She replies back to him

Her: No baby, don't leave me. You know I love you and I don't want this to end. I swear to God I'm not lying to you, please believe me.

Him: You already lost me. I know you're lying so you better speak up now before things get worse. I still love you, but I need to know the truth.

Her: Baby that is the truth what the fuck! Why would I lie to you about that? Please don't do that to me now.

Him: I'm done with you, please forget about me, imma block you so please don't even bother because I soon transfer from school. I can't take this anymore.

Her: Baby no! I'll do whatever you want but please don't transfer what the fuck! Don't do that, imma tell you the truth but I just can't do it right now.

Him: No, just tell me now before it's too late. I'm trying to work this out with you but I need to know because I know you're not a virgin.

Her: Baby listen... this is hard for me to explain but when I was younger one of my cousins raped me, we were on a family BBQ and I was inside in the house, everybody was outside but me, he came in and started touching me until he raped me.

Estimad@s Dears

He read the message but didn't reply until 5 minutes later

Him: When was this?

Her: when I was like 14 baby, please believe me this is the truth I swear to God.

Him: Did you see him after that?

Her: No, he left and ever since that day I have not seen him.

He takes another 5 minutes without reply, then he responded

Him: Listen I know you're lying so you got one more chance before I really leave your life, I already told my mom to transfer me anyways.

Her: No baby please no, don't do this to me, that is the truth I swear! I'm not lying this time, please believe me, please!

Him: You think I'm stupid right? I know you're fucking lying so tell me the truth before I leave.

Her: Wait nooooo, this is hard, you don't understand how I'm feeling right now, I can't do this right now, can we just talk about after, I miss you.

Him: There's no such thing as "we" you done played yourself, you ain't shit and I mean it.

She sends heartbroken emojis

Her: This is the truth, when I was in middle school I liked this boy. One day I went to his house and it just happened.

Him: How old was he?

Her: He was 17.

Tears started to come out, then he replies

Him: you really ain't shit, why did you have to lie about that dumb shit for? Did I say you had to be a virgin to go out with me? After all the plans we had together? Even tattoos we were supposed to get together?

Estimad@s Dears

Even the vacation we were supposed to go to together? All that shit is done, from now on I'm keeping myself from everybody, you don't deserve me, you really ain't shit, why would you lie to me about that?

Her: I don't know I swear to God but what I know is that I love you and I want you and imma fight to have you back, I refuse to lose you, you're everything I ever ask for, please baby stop I love you, give me another chance.

He ignores all of her messages. Next day in the morning she texted him again

Her: baby I'm really sorry about what I did, I'm really sorry I swear to God please let me make it up to you, you know what I feel for you is real and if you don't want me back I swear I'm not going out with nobody else until a long period.

They stopped talking completely

Next week passes and he finds out her ex goes out with another guy.

He starts a conversation with a friend in class

His friend: Yo bro you heard about ya ex?

Him: yeah bro, but I don't even care to be honest, what's really funny is how she jacked she wasn't gonna get into no relationship no time soon and now you peep that right?

They both laughed

Moral of the story: that's how you turn a girl lover into a hummingbird.

Nuevos Comienzos

Estimad@s Dears

New Beginnings

Made in the USA
Middletown, DE
30 September 2023